EXTRAIT du Journal officiel de la République française
Du 3 Juillet 1878

COMMISSION

DU

TARIF GÉNÉRAL DES DOUANES

DÉPOSITION DE

MM. BAUDOT, HATET, WEINBACH

DÉLÉGUÉS DE LA CHAMBRE SYNDICALE DE LA DRAPERIE DE PARIS

Séance du mercredi 12 juin 1878

PRÉSIDENCE DE M. JULES FERRY

PARIS
A. PARENT, IMPRIMEUR DE LA FACULTÉ DE MÉDECINE
31, RUE MONSIEUR-LE-PRINCE, 31

1878

EXTRAIT du Journal officiel de la République française
Du 3 Juillet 1878

COMMISSION
DU
TARIF GÉNÉRAL DES DOUANES

DÉPOSITION DE

MM. BAUDOT, HATET, WEINBACH

DÉLÉGUÉS DE LA CHAMBRE SYNDICALE DE LA DRAPERIE DE PARIS

Séance du mercredi 12 *juin* 1878

PRÉSIDENCE DE M. JULES FERRY

PARIS
A. PARENT, IMPRIMEUR DE LA FACULTÉ DE MÉDECINE
31, RUE MONSIEUR-LE-PRINCE, 31

1878

EXTRAIT du Journal officiel de la République française
Du 3 juillet 1878

COMMISSION

DU

TARIF GÉNÉRAL DES DOUANES

DÉPOSITION DE

MM. BAUDOT, HATET, WEINBACH

DÉLÉGUÉS DE LA CHAMBRE SYNDICALE DE LA DRAPERIE DE PARIS

Séance du mercredi 12 juin 1878

PRÉSIDENCE DE M. JULES FERRY

M. Baudot, *président de la chambre syndicale*. — Messieurs, la chambre syndicale de la draperie a délégué trois de ses membres qui sont parfaitement au courant des questions dont nous désirions vous entretenir. Je me borne à vous déclarer que la majorité de notre chambre syndicale est libre-échangiste.

M. Hatet. — Nous avons surtout à vous entretenir, Messieurs, de la conversion des droits *ad valorem* en droits spécifiques. Nous nous sommes tout d'abord demandé comment on pouvait établir des catégories en draperies pure laine, dont le poids n'a aucune corrélation avec la valeur, et, malgré toutes les recherches, nous sommes convaincus qu'on ne trouvera jamais un procédé pour mettre en rapport le poids d'un tissu avec sa valeur comme marchandise.

Voici deux échantillons — je les soumettrai à la commission — qui ont été déclarés en douane comme étant de pure laine, et ils ne contiennent, en effet, aucun mélange.

L'un, qui coûte 12 fr., rentre dans la catégorie des draps tout laine payant 1 fr. 70 le kilo. Ce droit représente 4 et demi pour cet échantillon.

L'autre, qui coûte 3 fr. 50, pesant le même poids, rentrant par conséquent dans le droit de 1 fr. 70, paiera 16 à 17 p. 100. Or, ce dernier échantillon de drap est un tissu destiné à l'habillement des classes ouvrières, c'est-à-dire que le produit qui devrait précisément être dégrevé, paiera un droit de 16 à 17 p. 100, alors que le tissu destiné aux classes riches ou aisées n'acquittera qu'un droit de 4 et demi.

Nous disons qu'il est impossible d'établir, dans la draperie, une base comme dans le mérinos. M. Dauphinot disait, à la séance d'hier, que le droit spécifique pouvait s'appliquer aux articles de Reims ; c'est possible, en effet, parce qu'on achète le mérinos au quart de pouce et qu'on peut compter les croisures ; mais en draperie il n'en est pas de même, et il n'y a aucun rapport, je le répète, entre le poids et le valeur d'un tissu. Je viens de le prouver par les deux échantillons que j'ai entre les mains : l'un, qui coûte 3 fr. 50, paiera 16 à 17 p. 100 de droit, et l'autre, qui coûte 12 fr., paiera 4 et demi de droit. C'est-à-dire que le tarif nouveau va contre le but qu'on se propose, en augmentant le droit à payer pour des articles à bas prix qui n'ont pas de similaires en France. C'était la fabrique de Lisieux qui produisait ces articles et elle a disparu, et l'Etat n'a certainement pas l'intention de la relever et de s'en faire le commanditaire.

Voici maintenant deux articles paletot; ce sont des tissus pour vêtements d'hiver qui pèsent identiquement le même poids ; ils sont de la même largeur, par conséquent paient le droit au mètre carré. Or, l'un coûte 18 fr. et l'autre 9 fr.; eh bien, de quelque façon qu'on s'y prenne, il est impossible de les taxer avec justice en appliquant le droit spécifique. Je m'occupe, bien entendu, des articles draperies tout laine qui me sont familiers; j'en fais le commerce depuis plus de vingt-cinq ans. Voici encore deux autres articles qui coûtent, l'un 7 fr. et l'autre 20 fr., et qui pèsent le même poids. En appliquant le droit spécifique du tarif, l'article qui coûte 20 fr. ne paiera que 5 p. 100, et l'article de 7 fr. paiera 16 p. 100.

On doit se préoccuper des articles en drap noir étranger. Depuis quelque temps, il se fait peu de draperie allemande, parce que, après la guerre, beaucoup d'industriels, par sentiment patriotique, — et je me flatte d'être du nombre, — n'ont pas pris cette draperie qui consiste en draps fins et légers dont le droit sera abaissé par l'application du nouveau tarif. Et alors, insensiblement, cette draperie, qui paie actuellement par le droit *ad valorem* 10 p. 100, ne payant par le droit spécifique que 4 à 5 p. 100, arrivera sur notre marché faire concurrence à notre fabrication de Sedan.

On parle souvent de la Belgique. Il faut reconnaître que son chiffre d'importation en France, au point de vue de la draperie, n'est pas extraordinaire; il ne s'élève pour la saison d'été, et c'est la plus importante, qu'à 576,000; il était en 1877, même saison, de 702,000. Elle fabrique, notamment chez Simonis, à Verviers, des draps mousseline. C'est un article léger valant 10, 12 à 14 fr., et pesant à peine 300 grammes, qui paiera un droit représentant environ 3 p. 100.

Cet article, très-fin, d'où lui vient son nom de mousseline, ne se fabrique pas en France parce que nos filatures, comme on l'a déjà expliqué, sont inférieures, pour cette sorte de production, aux filatures belges. Cet article entrera donc sans payer de droit, ou en payant seulement un droit équivalant à 3 p. 100. L'importation de ce produit en sera certainement augmentée. Comme vous le voyez, vous dégrevez toujours l'article qui se fait en France dans de bonnes conditions.

Il s'importe peu de marchandises étrangères, et il faut dire que ce côté de la question a été singulièrement exagéré.

Par exemple, la fabrique d'Elbeuf qui est protectionniste, je ne veux pas dire prohibitionniste, car en Normandie on vient au monde protectionniste, cette fabrique se plaint à tort, car, en définitive, voici les chiffres d'importations :

En 1876, 18,848 millions de draperie ; en 1877, 17,846 millions de draperie; et en 1878, pour les quatre premiers mois, seulement 5,354,000 fr.

Ainsi, l'importation de 1878 est déjà inférieure à l'importation de 1877, pour les quatre mois correspondants, de 2,322,000 f.

M. Méline. — On vous objectera peut être que le chiffre de l'importation, pour 1878, est inférieur au chiffre de 1877, parce que le prix de la marchandise a baissé.

M. Hatet. — Je répondrai que, par contre, notre exportation

a augmenté. Ainsi, en 1877, l'exportation était de 1,650,000 fr., et, en 1878, pour les quatre premiers mois de l'année, elle est de 824,000 fr.

Notre exportation a donc augmenté et l'importation a diminué.

Il est un fait certain, c'est que la draperie anglaise n'est pas supérieure à la draperie française, et si les intermédiaires ont peut-être poussé plutôt à la vente de la marchandise étrangère, ce n'est pas parce que cette marchandise présentait une plus-value. Non, l'industrie française de la draperie ne le cède en rien à l'industrie anglaise; nos industriels sont très-intelligents, notre population ouvrière est excellente, et nos ouvriers, comme travail, apportent plus de soin, plus de fini à la marchandise que les ouvriers étrangers, contrairement à ce que déclarait hier M. le président de la chambre de commerce de Roubaix; mais il y a une chose dont on ne s'est pas rendu compte à Elbeuf, c'est que le goût, la mode, se sont portés vers les étoffes anglaises, et vous n'avez certainement pas la prétention d'imposer le goût et la mode.

Il y a une autre raison économique qui a dirigé la consommation vers les tissus anglais, de préférence aux tissus français d'Elbeuf, notamment.

Cette raison, si vous le permettez, je vais vous en donner l'explication :

La fabrique française, en général, n'est pas organisée comme la fabrique anglaise. En Angleterre, la fabrique étudie ses dessins, les met en œuvre, et, quand elle a achevé ses produits, elle s'adresse à des intermédiaires, à des commissionnaires, auxquels elle vend la plus grande partie de sa fabrication. De cette manière, le fabricant n'a pas ou a peu de frais généraux, et surtout il n'a pas de stock, ce qui grève considérablement le prix de la marchandise en magasin.

La fabrique d'Elbeuf, qui est très-intelligente et qui produit dans d'excellentes conditions, contrairement à ses intérêts, s'est instituée fabricante et négociante à la fois.

Elle fait des échantillons qu'elle remet à qui veut bien les lui demander, et cela sans qu'on lui remette de commission; elle cote il est vrai, au début de la saison, sa marchandise un prix très-élevé, sauf à baisser les prix de 15 p. 100 à peine la saison ouverte, ce qui ne permet point à l'acheteur sérieux de lui commissionner comme on le fait aux Anglais ; à Elbeuf, la fabrique a, comme frais d'échantillons, 4 à 5 p. 100, ce qui charge le prix de revient. Enfin, la fabrique d'Elbeuf a voulu vendre au détail, mais, s'il est une loi économique qui demande la suppression de l'intermédiaire, il est bien naturel que celui-ci ne veuille pas disparaître sans lutter, sans défendre son existence. L'intermédiaire est, quelquefois, le collaborateur du fabricant à qui il donne des idées sur le goût, sur la mode. Il est bien évident que nous pouvons donner un coup d'épaule à la fabrique en préparant, ainsi que l'a dit M. Labadié, des débouchés à ses produits.

Les intermédiaires, ayant devant eux la concurrence de la fabrique d'Elbeuf, se sont adressés aux fabricants anglais ; voilà l'explication d'une situation économique dont il ne faut pas chercher la cause ailleurs. Maintenant, avons-nous développé outre mesure l'importation anglaise? Non.

Pour les quatre premiers mois de l'année 1878, l'importation est de 5,354,000 fr., ce qui représentera pour l'année entière, 10 à 12 millions, la saison d'été étant plus forte en articles étrangers que celle d'hiver.

La fabrique française de la draperie est largement protégée par un droit de 10 p. 100, et elle pourrait parfaitement faire concurrence à la fabrique anglaise, sur le terrain même du libre-échange. La fabrique d'Elbeuf se plaint et crie parce qu'elle se place à un mauvais point de vue ; d'ailleurs, elle se plaindra et criera toujours, parce que le Normand vient au monde protectionniste. Mais notre supériorité, dans l'article draperie, est acquise, et aucun fabricant, en Europe, ne pourrait produire dans les mêmes conditions qu'Elbeuf produit l'article paletot d'hiver, appelé double face. Sous l'influence des traités de 1860, — le seul acte que l'empire ait bien fait, si vous voulez me permettre de le dire en passant, — la fabrication d'Elbeuf a grandi, parce que la concurrence l'a excitée. Avant cette date, il lui était impossible de produire cet article paletot double-face au-dessous du prix de 11 fr. 50 à 12 fr.

Il était très-difficile de trouver des articles pesant 7 à 800 gr. au-dessous de 12 fr. 50. Depuis 1860, cette fabrique d'Elbeuf a tellement progressé, nos fabricants sont tellement intelligents, qu'ils ont découvert, en quelque sorte, des matières premières innommables. Ils ont trouvé une espèce de détritus de draperie avec lequel ils ont produit une marchandise bien faite que nous portons tous. Cette marchandise vaut aujourd'hui 9 fr., et avant le traité de 1860, il était impossible d'en produire à moins de 12 fr. 50.

On pourra vous dire qu'à faire de la marchandise à ce prix les fabricants d'Elbeuf se sont ruinés; je répondrai que c'est inexact, car je peux citer des noms de maisons qui ont fait de très-beaux bénéfices, et notamment un fabricant qui, sur un chiffre de 1 million, a gagné 80,000 fr. en produisant cet article à 9 fr. Je crois que c'est là un beau résultat.

Il y a des témoins qui pourraient encore nous renseigner sur d'autres résultats obtenus à Elbeuf.

D'un autre côté, la fabrique d'Elbeuf persistant dans l'idée de faire du commerce de détail, et ne s'occupant pas assez des besoins du goût, s'est laissé enlever, par Roubaix, l'industrie de l'article de la laine peignée qui a pris de grandes proportions. L'Angleterre nous fournissait, il y a six à sept ans, la draperie de laine peignée dont nous avions besoin; mais Roubaix a installé cette fabrication, et elle est devenue la première fabrique de France dans cet article, ou pourrait dire du monde. Et je ne crois pas exagérer en disant que Roubaix a battu les Anglais non-seulement sur notre marché, mais encore sur leur propre marché.

A Roubaix cet article se fabrique dans des conditions telles que nous, qui avons tendance à acheter nos marchandises à l'étranger quand nous y avons intérêt, nous les achetons toutes maintenant à Roubaix, pour cet article de la laine peignée, nous remettons nos commissions six mois à l'avance aux fabricants de Roubaix, parce que nous avons toute garantie que les marchandises commissionnées ne seront pas vendues, comme à Elbeuf, par coupes de 2 à 3 mètres à des prix inférieurs aux nôtres. Il y a quelques années, Roubaix fabriquait par an 12 millions de francs de draperies. Il est certain que ce chiffre est considérablement dépassé aujourd'hui.

Dans la séance d'hier, M. le président de la chambre de commerce de Roubaix ne faisait pas entrer en ligne de compte ces 12 millions qui représentent les affaires d'une industrie nouvelle que Roubaix a prise à Elbeuf qui aurait pu la conserver. Roubaix produit cet article comme aucun pays ne peut le faire, et, je le répète, elle a battu l'Angleterre en France et chez elle-même.

Une autre ville, Reims, a des opinions économiques différentes de celles d'Elbeuf. M. Dauphinot déclarait hier que la fabrique de Reims, dont il était le représentant, n'avait pas besoin de protection. En effet, Reims produit très-bien l'article en laine peignée et aussi un article appelé *vigogne* dont voici un échantillon. C'est un petit tissu très-simple que Reims a pris aussi à Elbeuf, et la fabrique de draperie de Reims ne demande aucune protection.

C'est par un sentiment exagéré de défiance de soi-même, par un désir trop développé de quiétude d'esprit que la fabrique normande réclame une protection dont elle pourrait fort bien se passer, car la marchandise française n'est inférieure à aucune autre. Par suite d'idées économiques fausses, Elbeuf s'est vu enlever 12 à 15 millions de fabrication par Roubaix et 9 à 10 millions par Reims. D'un autre côté, les intermédiaires, qui se débattent parce qu'ils ne veulent pas mourir, se sont adressés à la fabrique anglaise — comme je l'ai déjà dit — pour avoir des articles en concurrence avec ceux qu'Elbeuf vendait au détail, et nous sommes parvenus à établir en France une certaine quantité de tissus étrangers qu'Elbeuf n'a pas fabriqués.

En résumé, la fabrique de la draperie, en France, n'a pas besoin de protection, et la transformation du droit *ad valorem* en droit spécifique est impossible à faire, parce que l'homme le plus compétent, le plus connaisseur, ne pourrait pas établir un tableau de conversion se rapprochant de la vérité. Si le droit spécifique est maintenu pour la draperie, ce sera une iniquité, parce que les articles qui devraient être dégrevés, ceux qu'achète la classe ouvrière, seront précisément ceux qui seront le plus atteints. Celui qui paye un paletot 150 fr. pourrait bien supporter une augmentation de 5 fr. et payer 155 fr. tandis que l'ouvrier qui dépense 20 fr. pour son vêtement ne pourrait y mettre 25 fr.

Il ne faut pas oublier que la confection de vêtements d'hommes, en France, exporte pour une somme considérable, et les ouvriers occupés par cette importante industrie sont dignes d'intérêt.

Si donc il est impossible, et je viens de le démontrer, d'appliquer le droit spécifique à la draperie pure laine, il faut conserver le droit *ad valorem*.

Ici, je demande à répondre quelques mots à la chambre de commerce d'Elbeuf, qui prétend que les déclarations faites en douane sont faites à 40, à 50 p. 100 au-dessous de la valeur. Cette affirmation est tellement exagérée qu'elle n'est pas admissible pour tout homme qui connaît l'industrie des tissus, et je vais, messieurs, vous en donner la preuve.

Nous sommes, MM. Baudot, Gibert, Weinbach et moi, experts de la douane. Je suis appelé quarante fois par an environ, dont trente fois par l'administration des douanes. Eh bien, nous déclarons tous que nous ne sommes pas certains de pouvoir découvrir un écart de 5 p. 100 dans les prix de marchandises déclarées en douane. Au point de vue de la nouveauté, il n'y a jamais de fausses estimations dépassant 10 p. 100. Quand nous apercevons un écart de 10 p. 100, nous arrêtons la marchandise, et vous savez, messieurs, que la loi sur les tarifs tolère un écart de 5 p. 100. Quand nous avons l'intime conviction qu'une déclaration est exacte, nous n'arrêtons pas une marchandise, simplement pour gagner le prix d'une vacation. Et puis il y a, derrière nous, le contrôle d'un tiers arbitre, en cas de contestation. La marchandise n'entre point en France sans avoir absolument payé le droit du tarif, nous l'affirmons.

Il y a même plus. Lorsque nous faisons des soldes de marchandises étrangères, en fin de saison, ces marchandises ont certainement une moins-value, tout en conservant une valeur très-appréciable ; eh bien, nous les déclarons, en douane, à un prix supérieur à celui auquel nous les avons achetées, parce que la douane ne reconnaît pas ce qu'on appelle les opérations en solde. Ainsi nous déclarons à 4 fr. 50 des articles qui ne nous coûtent que 3 fr. 50. Ce cas s'est présenté pour moi.

M. Tirard. — Sur ce point, M. Hatet, je voudrais avoir un complément d'explications ; vous venez de dire que la douane n'admettait pas les soldes ; mais les négociants cependant nous disent souvent qu'aujourd'hui la marchandise se vend au-dessous du prix de revient, et que la nécessité de faire de l'argent les force fréquemment à passer des marchés en quelque sorte à tout prix. Eh bien, lorsqu'il est importé en France des marchandises à ces conditions-là, qui ne sont pas des soldes, mais des marchandises fermes, est-ce que le droit se paye sur la valeur moyenne ou sur le prix d'achat?

M. Hatet. — Quand il leur arrive des marchandises, sur les prix desquels ils ont des incertitudes, les receveurs des Batignoles ou du Nord, qui sont eux-mêmes des hommes très-intelligents et très-compétents, viennent avec de grands échantillons chez les experts et leur demandent leur avis.

Un membre de la commission. — Mais alors le prix est livré à votre appréciation, il y a là nécessairement un certain arbitraire.

M. Tirard. — Vous voyez quel intérêt a ma question. Pour la substitution du droit spécifique au droit à la valeur, on fait valoir deux arguments. Le premier, c'est que son application facilite singulièrement les opérations de douanes ; le second, c'est qu'avec la tarification *ad valorem*, les droits étant variables, il arrive que plus la marchandise est à bon marché, plus, par conséquent, le marché intérieur est encombré, moins les droits sont élevés ; tandis qu'au contraire, lorsque la marchandise est rare, qu'elle est très-chère, et qu'on aurait intérêt à l'introduction des produits de l'étranger pour satisfaire aux besoins de la consommation, c'est alors que les droits augmentent; si bien qu'il en résulte l'établissement d'une échelle mobile en sens inverse. Vous vous rappelez ce système de l'échelle mobile qui avait pour but de surélever les droits sur les céréales quand les récoltes étaient abondantes et de les abaisser lorsqu'elles étaient rares; c'est le contraire qui se produit. Quand la marchandise est rare, le droit *ad valorem* en fait encore hausser le prix; quand, au contraire, elle est à bon marché, le droit diminue, il ne protége presque plus et permet aux produits étrangers de venir surcharger encore un marché déjà encombré.

Voilà les deux raisons pour lesquelles on veut substituer les droits spécifiques aux droits *ad valorem*.

M. Hatet. — A cela je répondrai que quand la marchandise est à bon marché à l'étranger, elle est à bon marché en France.

M. Tirard. — Eh bien, les droits ne protégent plus...

M. Hatet. — Nous prenons pour base dans nos estimations la corrélation qui peut exister entre les prix de la marchandise française et les prix de la marchandise étrangère ; mais quand un produit belge qui vaut 10 fr. nous arrive, nous ne pouvons pas faire qu'il vaille 15 fr. sur le marché français parce que le marché est encombré.

M. Tirard. — Vous n'avez pas bien compris la portée de ma question : je me place au point de vue du marché intérieur. Sur le marché intérieur, lorsque la marchandise est très-abondante, et que l'introduction des produits similaires étrangers augmente encore cet encombrement, le droit qui doit protéger notre industrie ne la protége plus du tout. Lorsqu'au contraire la marchandise est très-rare, excessivement chère, et qu'on aurait un certain intérêt à voir des importations s'effectuer, c'est alors que les droits s'élèvent et que la protection devient plus grande.

M. Hatet. — Je vais compléter votre pensée. Vous voulez dire qu'avec le système spécifique, les droits d'entrée seront toujours fixes; mais vous ne pourrez pas faire que la marchandise qui vous est indispensable pour votre confection ne vaille pas 15 à 18 p. 100 de plus en France qu'à l'étranger. Et par conséquent, vous tuerez votre confection, parce que vous ne pourrez plus exporter.

M. le président. — Vous ne pouvez pas méconnaître la force de l'argument de M. Tirard. Il consiste à dire à certaines époques et pendant certaines périodes, le droit *ad valorem* favorise l'envahissement du marché français par les produits étrangers.

Il y a des moments, par exemple, où l'Angleterre nous inonde de ses produits. Eh bien, quand, dans un de ces moments, vous expertisez, c'est la valeur de la marchandise anglaise que vous devez considérer, c'est sur cette valeur que le droit doit être fixé et non pas sur la valeur française; on a donc raison de vous dire que le droit *ad valorem*, lorsque la marchandise anglaise avilie arrive à la porte du marché français, s'allége dans la proportion même de cet avilissement.

M. Hatet. — Je vous demande pardon; lorsque la marchandise étrangère nous arrive, qu'elle vienne d'Angleterre ou d'ailleurs, si la déclaration nous paraît être au-dessous de la valeur de l'étoffe, et, remarquez-le bien, nous ne nous occupons pas du prix coûtant, nous ne voulons rien savoir de l'achat, — nous demandons une augmentation qui va de 10 à 20 p. 100. Une marchandise qui, vendue en Belgique 5 fr. en solde, vaudrait en France 10 fr., nous ne l'admettrions pas.

M. LE PRÉSIDENT. — C'est très-arbitraire; vous êtes les maîtres du cours alors.

M. HATET. — Je suis de votre avis, monsieur le président, mais c'est exact. Aussi les raisons données contre le droit *ad valorem* ne sont-elles pas sérieuses.

M. LABADIÉ. — Je prie la commission de me permettre quelques explications sur ce point.

Le droit protecteur de 10 p. 100 s'applique aux marchandises communes comme aux marchandises fines. Lorsqu'une marchandise est à bas prix en Angleterre par suite des circonstances, soit par exemple la baisse des laines, soit la pénurie des affaires, elle est également à bas prix en France, elle l'est partout; quand les laines sont à bon marché, elles le sont pour tout le monde; quand elles sont chères, elles le sont également pour tout le monde.

Ainsi, quand les Anglais produisent une marchandise dans de bonnes conditions, nous produisons, nous, dans des conditions identiques, et cette protection de 10 p. 100 suit les oscillations de la marchandise. Voilà pourquoi je n'admets pas que l'objection de M. Tirard ait une sérieuse gravité.

M. LE PRÉSIDENT. — Vous n'admettez pas qu'il y ait sur les marchés étrangers des phénomènes économiques qui ne se reproduisent pas sur le marché français?

M. LABADIÉ. — Les phénomènes économiques qui se produisent sur les marchés étrangers ont leur répercussion chez nous. Il y a corrélation nécessaire entre la situation du marché anglais et celle du marché français.

M. WADDINGTON. — M. Hatet vient de critiquer vivement les droits spécifiques tels qu'ils sont formulés dans notre tarif général; je voudrais lui demander s'il ne trouverait pas un moyen de créer des catégories qui enlèveraient à ces droits spécifiques ce qu'ils peuvent avoir de fâcheux.

M. HATET. — Il faudrait toujours recourir à l'expertise pour estimer que, dans telle ou telle catégorie, telles ou telles espèces de droits sont applicables, et ce serait revenir aux droits *ad valorem*. Au poids, il est absolument impossible de reconnaître la valeur.

Voilà une marchandise noire qui vaut 15 fr., une autre qui vaut 6 fr. (le déposant place sous les yeux de la commission un certain nombre d'échantillons); le tissu de qualité inférieure pèse beaucoup plus que le fin. Voilà deux articles en édredon noir; c'est une marchandise d'hiver très-épaisse; l'une vaut 7 fr. 50, l'autre 20 fr. : ils pèsent exactement le même poids, 700 grammes. Nous n'avons pas le moyen, comme lorsqu'il s'agit du mérinos, de voir au quart de pouce; de plus, il y a des articles anglais très-durs à la main et d'un prix très-élevé; à première vue, on croirait qu'il faut les classer dans les bas prix; ils coûtent très-cher, au contraire.

Il est monstrueux d'appliquer le droit spécifique aux draperies. En le faisant, vous arriverez, ce que certainement vous ne voulez pas, à des résultats absolument injustes.

M. Dréo. — Du reste, c'est ce que déclare l'exposé des motifs du tarif.

M. Lebaudy. — Nous voyons que l'importation des draperies en France varie entre 15 et 17 millions par an. Pouvez-vous nous dire quelle proportion il y a entre l'importation et la production française ?

M. Hatet. — La production française des draperies doit être de 180 à 200 millions environ.

M. Lebaudy. — L'importation serait de 10 p. 100 du chiffre de la production.

M. Hatet. — Cette année-ci, elle n'arrivera pas à plus de 8 p. 100.

M. Labarre. — Ainsi la moyenne sera de 8 à 10 p. 100 relativement à une production de 180 et quelques millions.

M. Hatet. — Nous avons eu le malheur de perdre Bischwiller; maintenant vous avez Elbeuf, Sedan, Vienne, Mazamet, Roubaix, qu'il ne faut pas oublier, car, au point de vue de la draperie, sa fabrication est loin de diminuer, elle est aujourd'hui de 15 à 18 millions.

M. Lebaudy. — Enfin, vous pouvez nous dire à peu près que l'importation des draperies est de 10 p. 100 de la consommation française.

M. Hatet. — De la production, parce que la France exporte, et l'importation baisserait encore si la fabrication d'Elbeuf ne s'était pas mise à faire du détail.

M. le président. — Vous nous aviez promis une explication de la différence considérable qui nous frappe à la lecture du tableau des douanes, entre les résultats de 1876 et ceux de 1877.

M. Hatet. — C'est une question de goût qui l'a produite. La fabrique d'Elbeuf cherchait alors un peu sa voie, elle ne voulait pas entrer dans ce qu'on appelle l'emploi des fils dégraissés qui permet d'obtenir des nuances très-vives. La fabrication anglaise, qui pratique ce procédé, est supérieure au point de vue du mélange des nuances. La fabrique d'Elbeuf n'avait pas saisi le joint. Depuis deux ans, elle s'est mise à imiter les Anglais et elle y a réussi si bien qu'aujourd'hui elle fait l'article admirablement.

M. le président. — Et vous continuez à acheter en Angleterre. C'est donc une question de préjugés?

M. Hatet. — C'est une question de préjugés ; mais c'est aussi pour nous une question de défense contre la fabrique d'Elbeuf. Elbeuf cherche à se passer des intermédiaires et nous étreint ; nous cherchons à ne pas être serrés de trop près, voilà tout. Nous nous défendons contre la concurrence de la fabrique.

M. Develle. — Alors, c'est par esprit de représailles que vous vous adressez de préférence à ces fabricants anglais. Est-ce donc pour cela que des fabricants d'Elbeuf que je pourrais citer sont obligés d'envoyer leur marchandise en Angleterre afin de pouvoir la vendre en France sous l'étiquette anglaise?

M. Hatet. — La fabrique d'Elbeuf n'est pas du tout malheureuse. J'y connais des fabricants qui ont tellement besoin d'augmenter leur personnel qu'ils donnent 5 fr. à tous les ouvriers en draperie qui se présentent pour emporter une chaîne.

M. Develle. — Il y a eu quinze faillites à Elbeuf depuis un an.

M. Hatet. — Oui, parmi les fabricants qni n'ont pas voulu transformer leurs procédés de fabrication et ceux dont le goût retarde.

M. le président. — Alors le goût s'est détourné de l'ancienne fabrique d'Elbeuf?

M. Hatet. — Il y a quelques articles que les Anglais font mieux que nous. C'est notamment l'article ratiné à bas prix chaîne-coton ; celui-là n'a pas de similaire en France, c'est un article qui se vend 4 à 5 francs le mètre.

Quant aux tissus tout laine, la France n'a de concurrents nulle part ; elle pourrait se maintenir au premier rang, même sans droits.

M. LE PRÉSIDENT. — Ces articles anglais ne sont pas alors des articles tout laine ?

M. HATET. — Ce sont des articles laine et coton. Aujourd'hui Elbeuf s'est attardé. On ne peut cependant pas protéger les industries qui ne se protégent pas elles-mêmes et qui s'endorment.

L'intérêt général du consommateur doit être au-dessus de 'intérêt particulier du fabricant.

Déposition de M. WEINBACH

Délégué de la Chambre syndicale de la draperie

M. WEINBACH. — Je demande la permission de revenir sur l'objection formulée par M. Tirard.

Vous savez que les articles doivent être déclarés au prix du commencement de la saison.

Nous achetons à la fin d'une saison un article fantaisie qui ne s'est pas écoulé n'importe à quel prix.

Mais il doit être déclaré au prix qu'il avait sortant de la fabrique au début de la saison : c'est le traité de 1860 qui l'exige ; nous achetons un solde en Angleterre et nous sommes forcés d'augmenter la déclaration de notre facture de solde parce que la douane ne l'accepterait pas ; elle n'accepte que les prix du début de la saison ; donc l'objection que M. Tirard tirait de la diminution du prix n'a pas de fondement.

M. TIRARD. — Est-ce que vous faites souvent des opérations de douane?

M. WEINBACH. — Oui, je fais entrer beaucoup de marchandises anglaises.

M. TIRARD. — Est-ce que vous avez pu remarquer que la douane a une tendance à favoriser l'abaissement des déclarations ?

M. WEINBACH. — Au contraire, si nous ne la retenions pas, elle arrêterait toutes les marchandises étrangères.

M. TIRARD. — Vous ne vous êtes pas aperçu que la douane

ait certaines négligences dans la taxation des produits ? Cela nous a été affirmé de la façon la plus absolue.

M. Labadié. — La douane est naturellement fiscale, et une tendance comme celle que vous signalez serait bien singulière de sa part.

M. Tirard. — On nous a dit plusieurs fois que des articles qui, d'après les traités de commerce, ont 10 p. 100 à supporter, étaient souvent taxés à 5 p. 100.

M. Weinbach. — Jamais, monsieur ! comment peut-on admettre qu'un article valant 10 francs soit déclaré à 5 francs.

M. Labadié. — Il y a là une exagération. Il est certain qu'il peut se produire, du fait de certaines déclarations, une légère diminution sur le rendement des droits. M. Thiers l'estimait à 7 ou 8 p. 100. Je crois que c'est la vérité.

M. Weinbach. — Je vous certifie que, dans le commerce de la draperie, il se fait peu de fausses déclarations. Il peut s'en produire de la part de quelques commissionnaires ; mais quand cela a lieu, nous y mettons bon ordre. Le commerce de la draperie fait des déclarations excessivement exactes ; je vous garantis que pas une facture n'est sortie de chez moi à des prix fictifs, et j'ai la certitude que mes confrères font comme moi, qu'ils ne déclarent que les prix réels.

M. le président. — On ne nous a pas dit que c'était le commerce français qui fît la fraude, mais qu'il était sous la pression de fraudes venues du dehors.

M. Weinbach. — J'appuie ce que M. Hatet a dit : les droits spécifiques ne sont pas applicables aux draps noirs ; mais si vous les appliquiez, vous tueriez la fabrication de Sedan qui est la plus belle qu'il y ait en France. Il y a dans les draps des différences de qualités qu'il est impossible d'apprécier à 2 ou 3 francs près.

M. Develle. — Comment vous expliquez-vous alors que la fabrication de Sedan accepte la transformation du droit *ad valorem* en droit spécifique ?

M. Hatet. — C'est une erreur ; il suffit de lire, pour s'en convaincre, la déclaration de la chambre de commerce de Sedan.

M. le président. — Le fait signalé par M. Develle n'est pas contestable : toutes les chambres de commerce sont d'accord.

M. Gailly. — La chambre de commerce de Sedan, par une déclaration récente, accepte les droits spécifiques.

M. Philippoteaux. — Voici comment elle s'est exprimée tout récemment à cet égard :

« La chambre de commerce de Sedan persiste plus que jamais dans sa déclaration antérieure en faveur de la conversion des droits *ad valorem* en droits spécifiques. »

Cette déclaration est du 28 avril 1878.

M. Hatet. — Alors elle est revenue sur sa première déclaration.

M. Tirard. — C'est quand on est arrivé à établir des catégories...

M. le président. — Voici les catégories que le conseil supérieur a imaginées :

L'été, c'est-à-dire les étoffes pesant moins de 400 grammes au mètre carré ;

La demi-saison, pesant de 401 à 550 grammes au mètre carré;

L'hiver, c'est-à-dire tout ce qui pèse plus de 550 grammes au mètre carré.

M. Weinbach. — Eh bien, les draps unis, dans laquelle de ces catégories les placerez-vous ?

Voici un travail que nous avions fait pour le conseil supérieur du commerce :

Les draps noirs et de couleur variant sensiblement de prix tout en pesant le même poids, en prenant pour base un poids ordinaire de 450 grammes au mètre sur une largeur de 140 centimètres et en appliquant le tarif proposé, soit 1 fr. 70 le kilogramme, nous aurons :

Pour un drap de 8 francs :

A la valeur de 10 p. 100	0.80
Au poids, 450 grammes à 1 fr. 70	0.765
En faveur de la valeur	0.035

Pour un drap de 15 francs :

A la valeur	1.50
Au poids	0.765
En faveur de la valeur	0.735

Pour un drap de 20 francs :

A la valeur	2.00
Au poids	0.765
En faveur de la valeur	1.235

Comme le disait M. Hatet, nous placions beaucoup de draps allemands avant la guerre. Pour ma part, j'en faisais entrer pour 100.000 francs par an. Depuis je n'en ai pas fait entrer un mètre.

Mais je vous assure que si vous acceptez les droits du projet de tarif, ma maison importera beaucoup de draps allemands et autrichiens. Aujourd'hui qu'ils sont soumis à un droit de 10 p. 100, très-suffisant pour protéger la fabrique française, nous pouvons nous en passer, mais si ce droit est réduit à 4 p. 100, nous en reprendrons forcément l'importation, car il me serait facile de vous prouver que nous y gagnerons, sur 100.000 francs, 4.000 ou 5.000 francs en moyenne.

M. le président. — Vous n'avez pas d'autres observations à faire ?

M. Weinbach. — Non, monsieur le président.

M. le président. — La parole est à M. Gibert.

Déposition de M. GIBERT, de la maison Baudot et Gibert,
Délégué de la Chambre syndicale de la draperie.

M. Gibert. — Je suis chargé de vous dire, au nom de la chambre syndicale par laquelle j'ai été délégué, qu'en ce qui concerne les draperies anglaises que nous importons en grande quantité, les 10 p. 100 suffisent parfaitement pour protéger l'industrie française, et que la surélévation qui résulterait d'un droit plus élevé gênerait d'un côté les ouvriers et tous ceux qui achètent les vêtements à bon marché et de l'autre le commerce d'exportation des vêtements confectionnés qui se fait sur une très-grande échelle. Il est certain qu'on n'achètera plus en France de vêtements confectionnés avec des draps anglais, lorsque ces draps coûteront 1, 2, 3 et 4 francs de plus par suite de droits trop élevés.

Je suis d'avis, comme ces messieurs, du maintien du droit *ad valorem* ; j'ai été appelé auprès de M. Balsan, ancien député et membre du conseil supérieur du commerce, qui m'a demandé de rechercher, de concert avec lui, les moyens de substituer le droit spécifique au droit *ad valorem* en maintenant le droit protecteur de 10 p. 100 environ. Pour les marchandises fines, pour les draps de pure laine, la chose m'a paru et me paraît encore impossible, attendu qu'on emploie depuis le déchet qui sert à faire un drap excessivement bon marché et lourd, jusqu'à la laine mérinos qui produit des draps fort chers, tandis que dans les draps anglais on n'emploie que des déchets, dont la valeur est beaucoup moindre et presque-uniforme, en sorte qu'en établissant des catégories par trois, nous arrivons à cette moyenne d'avoir à peu près 10 p. 100, c'est-à-dire de 8 à 12 p. 100. C'était le résultat du projet que j'avais présenté afin d'établir un droit spécifique remplaçant le droit *ad valorem* et équivalant aux 10 p. 100 de droit d'entrée payés actuellement.

Il avait été présenté au conseil supérieur du commerce un projet établissant un droit uniforme de 80 centimes au kilo pour tous les draps chaîne-coton. Cela nous donnait une protection de 5 1/2 p. 100 sur les draps noirs légers comme celui-ci, et de 28 p. 100 sur les marchandises lourdes comme le ratiné et le moutonné, qui sont celles qui entrent en France en plus grande quantité, pour 5 à 6 millions peut-être. Ce droit constituerait une véritable prohibition.

Lorsque j'ai eu à m'occuper de cette question avec M. Balsan, il avait été proposé six catégories. Ces catégories, qui vont de 40 centimes jusqu'à 1 fr. 40, nous donnent des droits qui varient de 7,45 à 27 p. 100.

C'est le projet du tarif général. En maintenant ces six catégories et en abaissant les droits au taux de 35 à 80 centimes au kilogramme, on arriverait à des droits variant entre 7 et 14 p. 100.

Maintenant, si on établissait quatre catégories seulement, réparties de la façon suivante, on arriverait à une moyenne plus exacte.

Ces catégories seraient, jusqu'à 200 grammes, de 1 fr. par kilogramme;

De 201 à 400 grammes, de 80 centimes par kilogramme;

De 401 à 700 grammes, de 45 centimes par kilogramme;

De 701 grammes et au-dessus, de 35 centimes par kilogramme.

La moyenne qui, dans ce système, serait de 10 pour 100 pour les étoffes qui entrent en grande quantité, donnerait pour les extrêmes un écart de 7 fr. 50 pour 100 à 14 pour 100.

Il est impossible d'arriver à rien de plus exact.

M. le président. — Pensez-vous que ce tableau soit applicable dans la pratique ?

M. Gibert. — Très-applicable. J'ai pris successivement toutes es étoffes en particulier, ratinés, moutonnés, pilote-président, etc. Ce sont celles dont l'importation est la plus considérable.

M. le président. — Ce sont des étoffes dans lesquelles il entre du coton.

M. Gibert. — Oui, monsieur le président, toutes les marchandises anglaises qui s'emploient dans la confection bas prix pour hommes et enfants sont laine et coton.

M. le président. — Alors votre travail est applicable aux tissus mélangés?

M. Gibert. — Absolument aux tissus laine et coton, laine dominant.

Au lieu de six catégories du tarif général, nous n'en aurons que quatre.

M. le président. — M. Balsan en propose cinq.

M. Gibert. — Il a proposé cinq catégories, mais il n'a pas parlé de la catégorie jusqu'à 200 grammes qui, en effet, n'a pas d'application. J'ai ramené M. Balsan à mon opinion ; mais il n'y avait pas moyen de revenir sur la décision du conseil supérieur.

M. le président. — Pensez-vous que les six catégories du tarif général soient d'une application facile?

M. Gibert. — Certainement; cependant, si vous n'avez que quatre catégories, que trois pour mieux dire, car il y en a une qui ne compte pas, il est évident qu'avec un peu d'habitude, les vérificateurs à la douane arriveront à savoir dans quelle catégorie faire rentrer les étoffes, tandis qu'avec six cela leur sera beaucoup plus difficile.

M. Jametel. — Pour la laine pure, vous n'avez trouvé aucune combinaison.

M. Gibert. — Je crois que c'est impossible. Je ne me suis occupé que des draps chaîne coton faits avec du déchet.

M. Dréo. — Vous nous disiez tout à l'heure, avec raison, que le droit perçu sur les marchandises lourdes, atteindrait notamment les articles que nous ne fabriquons plus et que nous devons tirer d'Angleterre, les draps chaîne coton mélangés de laine, — alors ces draps n'entreraient plus en France? Car on peut considérer comme prohibitif un droit de 27 p. 100 sur les marchandises communes qui servent à confectionner les vêtements qui ont remplacé les habillements de coton, comme la blouse de l'ouvrier et du petit bourgeois. Et, si ces étoffes ne peuvent pas entrer en France, par la raison que vous avez indiquée, il y aura une lacune dans notre consommation. Non-seulement ces étoffes ne seront plus importées en France pour y subir une façon, comme vous le disiez, et être réexportées sous forme de vêtements confectionnés, mais la consommation française en sera privée, et je vois là un grave inconvénient, car il ne s'établira plus de moyenne. On supprime la possibilité de la moyenne, parce que les articles communs qui auront à supporter un droit de 27 p. 100 n'entreront pas en France.

M. Hatet. — Je désirerais présenter une observation en réponse à M. Dréo.

L'industrie des vêtements confectionnés occupe en France un nombre considérable d'ouvriers, et, quoique M. Labadié ait dit qu'il ne voyait pas d'inconvénient à ce que les draps très-communs ne pussent pas entrer en France, je dois rappeler qu'il en résulterait, pour les ouvriers confectionneurs, une perte énorme de travail. Ces draps très-communs, après être entrés en France, en sortent tout confectionnés. Leur interdire l'entrée, c'est tuer la confection française de toutes nos villes, et au lieu de voir un confectionneur français lutter, sur le marché étranger, contre les concurrents, ce sera un confectionneur belge qui prendra sa place, quoiqu'il produise des articles inférieurs aux nôtres.

Dans les articles à bas prix, dans un paletot qui est vendu 12 à 13 francs, à l'étranger, la matière première entre largement pour la moitié. Un droit de 25 à 26 p. 100 détruirait notre exportation de vêtements confectionnés. Les Belges et les Allemands commencent à importer chez nous des confections; aussi ne faudrait-il pas nous mettre dans l'impossibilité de lutter contre eux. Je lisais dernièrement, dans un journal libre-échangiste, il est vrai, que l'industrie de la confection s'élevait à 200 millions. Ce chiffre se reproduirait rapidement si le travail proposé était adopté.

M. Méline. — Admettez-vous le régime de l'admission temporaire?

M. Hatet. — Au point de vue de l'industrie de la confection, l'admission temporaire est impraticable. Il n'en est pas d'un vêtement confectionné comme d'un tissu d'Alsace, par exemple.

M. le président. — Vous avez terminé votre déposition, messieurs ? Nous vous remercions des explications que vous nous avez données.

Paris. — Typ. A. Parent, rue Monsieur-le-Prince, 29-31.

PARIS. — TYPOGRAPHIE A. PARENT

RUE MONSIEUR-LE-PRINCE, 29-31.

www.ingramcontent.com/pod-product-compliance
Ingram Content Group UK Ltd.
Pitfield, Milton Keynes, MK11 3LW, UK
UKHW022150260726
13993UKWH00005B/2285